WRAPS & TACOS

füllen, rollen, genießen

Bassermann

Impressum

ISBN 978-3-8094-4548-7

1. Auflage

Bildredaktion: Sabine Kestler
Bildnachweis: Stockfood: U1 (Stacy Grant), 8, 19 (Bauer Syndication), 10 (Krimshandl-Tauscher, Sandra), 13, 17 (Profimedia), 15 (für ZS Verlag/Westermann, Jan-Peter), 20 (für ZS Verlag/Schardt, Wolfgang), 23 (Garlick, Ian), 25 (Linsell, Samantha), 27 (Castilho, Rua), 28 (Syndication Bazaar/House & Leisure), 31, 53, 61 (Avalos Flores, Maricruz), 33, 39 (Tre Torri), 35 (für ZS Verlag/Hoersch, Julia), 41, 48 (The Picture Pantry), 42 (Polkowska, Karolina), 47 (TT News Agency), 51 (Tatiana, Vorona), 55 (Wissing, Michael), 56 (Siracusa, Christine), 59 (Rosa, Monika), 62 (Grant, Stacy), 65 (Immediate Media/Olive), 67 (Komar), 69 (Wischnewski, Jan), 70 (Gräfe & Unzer Verlag/Bonisolli, Barbara), 73 (Great Stock!), 75 (Machutt, Alla); Südwest Verlag Archiv: 45 (Maike Jessen)

Projektleitung: Macielle Christin Montoya Barea
Umschlaggestaltung: Atelier Versen, Bad Aibling
Herstellung: Elke Cramer

Satz und Layout: Nadine Thiel, kreativsatz, Baldham
Reproduktion: Mohn Media Mohndruck GmbH, Gütersloh
Druck und Bindung: Mohn Media Mohndruck GmbH, Gütersloh
Printed in Germany

FSC www.fsc.org MIX Papier aus verantwortungsvollen Quellen FSC® C011124

Penguin Random House Verlagsgruppe FSC® N001967

Inhalt

Lecker gefüllt, einfach gerollt

Dieses Buch richtet sich an alle, die das Besteck in der Schublade lassen wollen und bereit sind, sich von diesen einfachen und köstlichen, abwechslungsreichen Ideen begeistern zu lassen.

In Mexiko werden Wraps und Tacos traditionell mit Fleisch und Frischkäse gefüllt und mit Koriander, Limette und Chili gewürzt. Wraps werden meist erst mit einer Sauce bestrichen und die Füllung auf dem äußeren Drittel der Tortilla verteilt, die untere Seite wird nach oben gefaltet und danach eingerollt. Für die Tacos werden kleinere Tortillas als Schale benutzt, die Füllung wird locker reingelegt und mit Sauce beträufelt.

Die geschmackliche Vielfalt und Variationen machen die Wraps und Tacos außerdem ideal für alle Gelegenheiten. Sie sind ein beliebtes Familienessen, geniales Partyfood, schneller Snack oder gemütliches Abendessen. Auch zum Mitnehmen sind viele von ihnen perfekt geeignet.

Wir wünschen Ihnen viel Vergnügen beim Füllen, Rollen & Genießen!

Schärfegrad

Üblicherweise werden Wraps mit großen Weizentortillas gerollt. Für Tacos nimmt man entweder kleine Weizentortillas, Maismehltortillas oder Taco-Schalen. Letztere sind etwas härter und müssen auch nicht erwärmt werden. Hier einige Rezepte für hausgemachte Tortillas und Taco-Schalen.

Weizentortillas

350 g Mehl in einer Schüssel mit ½ TL Backpulver vermischen. Mit einer Prise Salz, 3 EL Olivenöl und ca. 150 ml lauwarmem Wasser zu einem festen, glatten Teig verkneten. In Frischhaltefolie gewickelt ca. 20 Minuten ruhen lassen. Den Teig zu ca. 8 kleinen oder 4 großen dünnen Fladen ausrollen. Eine Pfanne mit etwas Öl auspinseln und die Fladen darin nacheinander auf beiden Seiten braun ausbacken.

Maistortillas

150 g Mehl in eine Schüssel geben und in der Mitte eine Kuhle formen. 50 ml Wasser in die Kuhle gießen und mit dem Mehl vermischen. Dies 2-mal mit je 25 ml Wasser wiederholen. Teig kneten, bis er geschmeidig ist, ggf. noch mehr Wasser dazugeben und zu einer großen Kugel formen. Den Teig in 8 kleine Kugeln teilen und mit dem Nudelholz circa 2 mm dicke Tortillas ausrollen. In einer beschichteten Pfanne die Tortillas jeweils 30 Sekunden auf jeder Seite backen.

Taco-Schalen

200 g Maismehl, 100 g Weizenmehl und 2 TL Salz in einer Schüssel vermischen. 20 ml Öl dazugeben und kneten, nach und nach 120 ml lauwarmes Wasser einarbeiten, bis ein glatter Teig entsteht. Den Teig in 8 gleichgroße Kugeln formen. Die Kugeln jeweils flach ausrollen. Die Fladen einzeln über ein Backofengitter hängen und im Backofen bei 200 °C für ca. 5–10 Minuten backen und auskühlen lassen. Die Taco-Schalen können auch frittiert werden, dafür ½–1 l Öl in einer tiefen Pfanne erhitzen und den Fladen hineingeben. Wenn der Fladen oben schwimmt vorsichtig wenden und mit zwei Pfannenwendern jeweils eine Seite hochklappen, damit die gewünschte Form erreicht wird. Die fertigen Taco-Schalen auf Küchenpapier abtropfen und abkühlen lassen.

Für 4 Portionen
Zubereitungszeit: 45 Minuten
Schwierigkeitsgrad: einfach

1 Knoblauchzehe
2-3 kleine rote Chilischoten
1 Tomate
2 EL Olivenöl
500 g Rinderhackfleisch
1 EL Tomatenmark
ca. 100 ml Fleischbrühe
Salz, Pfeffer
1 roter Apfel
4 Frühlingszwiebeln
1 Zwiebel
3 TL Butter
1 EL Zucker
½ Handvoll Koriander
4 Tortilla-Wraps

EXTRA SCHARF

Rindfleisch-Wraps mit gebratenem Apfel

1 Die Knoblauchzehe abziehen, Chilischoten und Tomate waschen und fein würfeln. In einer Pfanne das Öl erhitzen, das Hackfleisch darin krümelig anbraten. Den Knoblauch und die Hälfte der Chiliwürfel ca. 2 Minuten mitbraten, dann das Tomatenmark unterrühren und alles mit der Brühe ablöschen. Die Tomatenwürfel zum Hackfleisch hinzugeben, mit Salz und Pfeffer würzen und ca. 10 Minuten unter gelegentlichem Rühren garen.

2 Apfel und Frühlingszwiebeln waschen. Den Apfel vierteln, entkernen und würfeln. Die Frühlingszwiebeln in 3-4 cm lange Stücke schneiden. Die Zwiebel abziehen und würfeln. In einer weiteren Pfanne die Butter erhitzen, die Apfelwürfel einlegen und mit dem Zucker bestreuen. Unter gelegentlichem Wenden braten. Frühlingszwiebeln und Zwiebel hinzugeben und 2-3 Minuten mitbraten und danach vom Herd nehmen.

3 Den Koriander abbrausen, trocken schütteln und die Blättchen abzupfen. Die Wraps kurz in einer Pfanne oder im Backofen erwärmen. Hackfleisch und Apfel-Zwiebel-Mischung auf die Wraps verteilen und fest einrollen. Mit Koriander und nach Vorliebe mit dem Rest der Chiliwürfel garniert servieren.

Für 4 Portionen
Zubereitungszeit: 20 Minuten
Schwierigkeitsgrad: einfach

200 g Frischkäse
50 g körniger Senf
4 TL Dijon-Senf
2 EL Akazienhonig
Salz, Pfeffer
250 g Leberkäse
150 g Radieschen
4 Tortilla-Wraps

MILD

Wiesn-Wraps mit Leberkäse & Senfcreme

1 Den Frischkäse zusammen mit dem körnigen Senf, Dijon-Senf und Honig zu einer glatten Creme verrühren, danach mit Salz und Pfeffer abschmecken.

2 Den Leberkäse in Streifen schneiden. Die Radieschen gründlich waschen, trocken tupfen und in dünne Scheiben schneiden oder mit einer Reibe fein hobeln.

3 Die Wraps in einer beschichteten Pfanne oder im Backofen kurz erwärmen. Danach die Senfcreme auf die Wraps streichen, Leberkäsestreifen und Radieschen auf die Wraps verteilen, fest zusammenrollen und servieren.

TIPP **Am besten lassen sich die Wraps mit einem kühlen Weizenbier genießen, ob mit oder ohne Alkohol, das ist Ihnen überlassen.**

Für 4 Portionen
Zubereitungszeit: 50 Minuten
Schwierigkeitsgrad: mittel

1 rote Zwiebel
2 Knoblauchzehen
100 g Kirschtomaten
1 rote Spitzpaprika
100 g Weißkohl
½ Handvoll Babyspinat
½ Handvoll Koriander
180 g Mais, Dose
4 EL Olivenöl
Salz, Pfeffer
1 TL Kreuzkümmel
500 g Schweinefilet
1 TL Chiliflocken
4 Gewürzgurken
4 Tortilla-Wraps
150 g Schmand
16 Spieße

MITTELSCHARF

Fingerfood-Wraps

1 Zwiebel und Knoblauchzehen abziehen und würfeln. Tomaten, Paprika, Weißkohl, Spinat und Koriander waschen und trocken tupfen. Die Tomaten halbieren, die Paprika würfeln, Weißkohl und Spinat in feine Streifen schneiden und die Blättchen vom Koriander abzupfen.

2 In einer Pfanne 1 EL Öl erhitzen und Zwiebel- und Paprikawürfeln darin anschwitzen. Den Knoblauch untermischen und kurz mit anschwitzen. Den Mais in einem Sieb kalt abbrausen, abtropfen lassen und hinzufügen, mit Salz, Pfeffer und Kreuzkümmel würzen. Die Hälfte der Tomaten mit anbraten. Kurz köcheln lassen, abschmecken und warm halten.

3 Das Schweinefilet abbrausen und trocken tupfen, danach in Streifen schneiden und portionsweise mit 1 EL Öl goldbraun braten. Das Fleisch mit ½ TL Chiliflocken, Salz und Pfeffer würzen und warm halten.

4 Weißkohl und Spinat in 2 EL Öl ca. 2 Minuten anschwitzen, salzen und pfeffern. Die Gewürzgurken würfeln. Fleisch, Gewürzgurken, Mais- und Kohl-Spinat-Mischung miteinander vermengen.

5 Den Schmand mit Salz und Pfeffer würzen.

6 Die Wraps in einer Pfanne oder im Backofen kurz erwärmen. Danach die Mais-Fleisch-Mischung auf die Wraps verteilen und fest zusammenrollen. In jeweils vier gleich große Stücke schneiden. Mit einem Spieß fixieren und jeweils eine Tomatenhälfte (von Schritt 2) aufspießen. Den Dip getrennt servieren.

Für 4 Portionen
Zubereitungszeit: 35 Minuten
Schwierigkeitsgrad: einfach

100 g Langkornreis
1 Chilischote
1 Bio-Limette
2 Salatherzen
½ Handvoll Koriander
1 Avocado
4 vorgegarte Maiskolben
3-4 EL Olivenöl
Salz, Pfeffer
2 rote Zwiebeln
200 g Chorizo
150 g griechischer Joghurt
8 kleine Tortilla-Wraps

OPTIONAL
Chilisauce

MITTELSCHARF

Chorizo-Wraps

1 Den Reis nach Packungsangabe garen, anschließend abgießen und abtropfen lassen.

2 Chilischote, Limette, Salatherzen und Koriander waschen und trocknen. Die Chilischote halbieren, entkernen und fein würfeln. Die Limette heiß waschen, etwas von der Schale abreiben und den Saft auspressen. Die Blätter der Salatherzen und des Korianders abzupfen und getrennt aufbewahren.

3 Die Avocado halbieren, Kern und Schale entfernen und das Fruchtfleisch in dünne Spalten schneiden. Die Avocado mit 2 EL Limettensaft beträufeln.

4 Die Maiskolben mit Öl einpinseln und auf einem heißen Grill unter Wenden 6–8 Minuten grillen oder mit der Grillfunktion im Backofen garen. Die Körner von den Maiskolben mit einem Messer entfernen. Zusammen mit Reis, Chili, Koriander und dem restlichen Limettensaft in eine Schüssel geben, vermengen und mit Salz und Pfeffer abschmecken

5 Die Zwiebeln abziehen und zusammen mit der Chorizo in Scheiben schneiden. Danach beides in einer Grillschale auf den Rost legen und 1–2 Minuten grillen oder in einer Grillpfanne braten.

6 Den Limettenabrieb unter den Joghurt rühren, mit Salz und Pfeffer würzen. Die Wraps auf den Grillrost, in einer Pfanne oder im Backofen erhitzen. Den Joghurt und nach Wunsch die Chilisauce auf den Wraps verstreichen. Mais-Mischung und Chorizo darauf verteilen. Die Wraps fest zusammenrollen und servieren.

ORIGINAL
ORIGINAL

Für 4 Portionen
Zubereitungszeit: 30 Minuten
Schwierigkeitsgrad: einfach

1 rote Paprika
1 kleine Gurke
2 Frühlingszwiebeln
1 Salatkopf nach Wahl
340 g Hähnchen-brustfilet
2 EL Erdnussöl
4 Tortilla-Wraps
6–7 EL Erdnusssauce
Salz, Pfeffer

MILD

Hähnchen-Wraps mit Erdnusssauce

1 Paprika, Gurke, Frühlingszwiebel und Salat waschen und trocknen. Paprika und Gurke in kleine Würfel schneiden, die Frühlingszwiebel schräg in dünne Scheiben schneiden, den dunkelgrünen Teil zum Garnieren zur Seite legen. Den Salat in Streifen schneiden.

2 Das Hähnchenfleisch abbrausen, trocken tupfen und in ca. 1 cm breite Streifen schneiden. In einer Pfanne das Öl erhitzen und das Hähnchenfleisch darin ca. 5 Minuten unter Wenden braten, bis es goldbraun ist.

3 Die Wraps in einer Pfanne oder kurz im Ofen erwärmen. Jeweils mit etwas Erdnusssauce bestreichen und mit Hähnchen, Paprika- und Gurkenwürfel, Frühlingszwiebel und Salat belegen. Nach Geschmack noch mit Salz und Pfeffer würzen. Für eine extra scharfe Note kann auch etwas Cayennepfeffer benutzt werden. Die Wraps aufrollen und mit dem klein geschnitten grünen Teil der Frühlingszwiebel garnieren.

TIPP

Erdnusssauce selber machen 50 g Erdnussbutter in einem Wasserbad oder in der Mikrowelle leicht erwärmen, sodass sie cremig wird. Danach nacheinander 2 EL Sojasauce, 2 EL Reissirup oder Honig, 1 EL Sesamöl, 2 EL Reisessig, ½ EL Ingwersaft, ½ TL Knoblauch und 2 EL Kokosmilch mit einem Schneebesen einrühren. Sie können sich nun auf eine wunderbare selbst gemachte Erdnusssauce freuen.

Für 4 Portionen
Zubereitungszeit: 45 Minuten
Schwierigkeitsgrad: einfach

3 Bio-Limetten
4 EL Sesamöl
½ TL Currypulver
1 Msp. Cayennepfeffer
600 g Hähnchenbrustfilet
2 Avocados
1 rote Zwiebel
2 Tomaten
Salz, Pfeffer
1 Salatkopf nach Wahl
1 Handvoll Koriander
8 kleine Tortilla-Wraps
200 g saure Sahne

OPTIONAL
4-6 Spieße

LEICHT SCHARF

Hähnchen-Wraps mit Sour Cream

1 Die Limetten heiß waschen und 1 Limette auspressen. 1-2 EL Limettensaft mit Sesamöl, Currypulver und Cayennepfeffer verrühren. Das Hähnchenbrustfilet waschen, trocken tupfen, ca. 3 cm groß würfeln und mit der Marinade vermischen. Mindestens 15 Minuten abgedeckt im Kühlschrank ziehen lassen.

2 Die Avocados halbieren, Kerne und Schale entfernen. Das Fruchtfleisch in kleine Würfel schneiden und mit dem übrigen Limettensaft beträufeln. Die Zwiebel abziehen und würfeln. Die Tomaten waschen, vierteln, Stielansatz und Kerne entfernen und das Fruchtfleisch würfeln. Tomaten, Zwiebel und Avocado vermischen und mit Salz und Pfeffer abschmecken.

3 Salat und Koriander waschen, trocken schütteln, klein zupfen und getrennt aufbewahren. Die übrigen Limetten vierteln und zur Seite legen.

4 Das Hähnchenfleisch in einer Pfanne mit der verbliebenen Marinade goldbraun anbraten. Optional kann das Hähnchen auf Spieße gesteckt und auf dem Grill gegart werden.

5 Die Wraps können bei Bedarf in der Pfanne, im Backofen oder auf dem Grill aufgewärmt werden. Die Wraps mit Hähnchen und Avocado-Tomaten-Salsa füllen. Zum Abschluss noch etwas saure Sahne darauf verteilen und mit Pfeffer würzen. Die Wraps mit den Limettenvierteln servieren.

Für 3-4 Portionen
Zubereitungszeit: 1 Stunde 15 Minuten
Schwierigkeitsgrad: einfach

- 3 Bio-Limetten
- 4-5 EL Olivenöl
- 1 TL Paprikapulver edelsüß
- 1 TL Kreuzkümmelpulver
- ½ TL Chilipulver
- 1 TL flüssiger Honig
- 500 g Hähnchenbrustfilet
- 6-8 große Blätter Kopfsalat
- 300 g Kirschtomaten
- ½ rote Zwiebel
- 1 Avocado
- 3-4 eingelegte, grüne Jalapeños
- 3-4 eingelegte, rote Jalapeños
- grobes Meersalz

EXTRA SCHARF

Salat-Wraps mit Chilihähnchen & Avocado

1 Die Limetten heiß waschen, 1 Limette auspressen und die anderen beiden vierteln. 1 EL des Limettensaftes mit 3-4 EL Olivenöl, Paprikapulver, Kreuzkümmel, Chilipulver und Honig verrühren. Das Hähnchenbrustfilet waschen, trocken tupfen, in Streifen schneiden und in der Marinade einlegen. Mindestens 1 Stunde abgedeckt im Kühlschrank ziehen lassen.

2 Salat und Tomaten waschen und trocknen. Die Tomaten vierteln. Die Zwiebel abziehen und klein hacken. Die Avocado halbieren, Kern und Schale entfernen und das Fruchtfleisch würfeln. Mit dem übrigen Limettensaft beträufeln, sodass sich die Avocado nicht braun verfärbt. Die grünen und roten Jalapeños abgießen und in Ringe schneiden.

3 Das Hähnchen aus der Marinade nehmen und die Flüssigkeit aufbewahren. Das Fleisch in einer Pfanne in 1-2 EL Öl goldbraun braten. Etwa ½ Handvoll der Tomaten unterschwenken und mitbraten. Danach herausnehmen und mit der verbliebenen Marinade vermengen.

4 Hähnchen, Avocado, Jalapeños und den Rest der Tomaten auf den Salatblättern anrichten, mit etwas grobem Meersalz bestreuen und mit den Limettenvierteln servieren.

Für 4 Portionen
Zubereitungszeit: 30 Minuten
Schwierigkeitsgrad: einfach

150 g Mehl
300 ml Milch
2 EL Butter, flüssig
2 Eier
Salz, Pfeffer
Butter, zum Braten

8 Radieschen
½ Salatgurke
1 Handvoll Rucola
2 Stängel Dill
120 g Räucherlachs
120 g Frischkäse

MILD

Pfannkuchen-Wraps mit geräuchertem Lachs & Dill

1 Mehl, Milch und 2 EL Butter zusammenrühren, die Eier unterrühren und mit einer Prise Salz würzen. Den Teig ca. 10 Minuten ruhen lassen. Eine Pfanne erhitzen und etwas Butter in der Pfanne zum Anbraten schmelzen lassen. Den Teig zu 4 Pfannkuchen ausbacken. Auf einem Teller stapeln und auskühlen lassen.

2 Radieschen und Gurke waschen und in Scheiben schneiden. Rucola und Dill abbrausen und trocken schütteln. Den Dill abzupfen und klein hacken. Den Lachs bei Bedarf in Scheiben schneiden.

3 Die Pfannkuchen jeweils mit etwas Frischkäse bestreichen und nach Belieben mit Salz und Pfeffer würzen. Salat, Lachs, Radieschen- und Gurkenscheiben auf die Pfannkuchen verteilen, einrollen und genießen.

Für 4 Portionen
Zubereitungszeit: 30 Minuten
Schwierigkeitsgrad: einfach

400 g Kirschtomaten
150 g Garnelen
1 rote Zwiebel
2 EL Olivenöl
Salz, Pfeffer
1 Stängel Basilikum
2 EL Zitronensaft
1 Avocado
4 Tortilla-Wraps

OPTIONAL
Kresse zum Garnieren

MILD

Garnelen-Wraps mit Grilltomaten

1 Für die Salsa den Ofen auf Grillfunktion vorheizen. Tomaten und Garnelen waschen und trocken tupfen. Die Zwiebel abziehen und in Spalten schneiden. Alles zusammen in eine Backform legen, mit 1 EL Öl beträufeln und mit Salz und Pfeffer würzen. Im Ofen für ca. 10 Minuten grillen. Die Backform aus dem Ofen herausnehmen und etwas abkühlen lassen.

2 Das Basilikum abbrausen, trocken schütteln, die Blätter abzupfen und klein hacken. Basilikum, 1 EL Öl und Zitronensaft unter die Garnelen-Salsa mischen und abschmecken.

3 Die Avocado halbieren, Kern und Schale entfernen und das Fruchtfleisch würfeln.

4 Die Wraps im Ofen oder in einer Pfanne erwärmen. Danach die Avocado mit der Salsa auf die Wraps geben und mit etwas Kresse garniert servieren.

TIPP **Die Garnelen-Salsa schmeckt noch besser auf selbst gebackenen Weizen- oder Maistortillas. Das Rezept dazu finden Sie auf Seite 11.**

Für 4 Portionen
Zubereitungszeit: 45 Minuten
Schwierigkeitsgrad: mittel

1 Zwiebel
1 Knoblauchzehe
5 EL Olivenöl
200 g Kichererbsen, Dose
200 g Tomatenstücke, Dose
½ TL Paprikapulver
Salz, Pfeffer
2 EL Mandeln
1 Handvoll Koriander
1 Handvoll Petersilie
1 Handvoll Basilikum
1 EL Zitronensaft
¼ Eisbergsalat
1 rote Zwiebel
1 Zitrone
4 Tortilla-Wraps

OPTIONAL
80 g Feta

MILD

Kichererbsen-Wraps mit Mandelpesto

1 Zwiebel und Knoblauch abziehen und fein würfeln. Zusammen in einem Topf in 1 EL heißem Öl glasig anschwitzen. Die Kichererbsen in einem Sieb kalt abbrausen und abtropfen lassen. Danach die Tomaten mit den Kichererbsen in den Topf geben, untermischen und etwa 15 Minuten einkochen lassen. Mit Paprika, Salz und Pfeffer würzen.

2 Für das Pesto die Mandeln blanchieren, also für ca. 1 Minute in heißem Wasser kochen und danach kalt abbrausen. Die Kräuter abbrausen und trocken schütteln. Einige Blätter vom Koriander zum späteren Garnieren beiseitelegen. Koriander, Petersilie und Basilikum mit Mandeln, Zitronensaft und 4 EL Öl cremig pürieren. Mit Salz und Pfeffer würzen.

3 Den Salat abbrausen, trocken schütteln und in Streifen schneiden. Die rote Zwiebel abziehen und in schmale Spalten schneiden. Die Zitrone heiß waschen, vierteln und die Schnittflächen in einer Pfanne bräunen lassen.

4 Die Wraps in einer Pfanne oder im Ofen kurz erwärmen. Danach mit dem Pesto bestreichen und mit Kichererbsen, Salat und Zwiebeln belegen. Nach Wunsch mit etwas Feta und dem restlichen Koriander garnieren.

Für 4 Portionen
Zubereitungszeit: 25 Minuten
Schwierigkeitsgrad: einfach

1 rote Zwiebel
2 Birnen
1 EL Butter
Salz, Pfeffer
4 Blätter Lollo Bionda
4 Tortilla-Wraps
75 g Frischkäse
8 Scheiben Ziegenkäse
2 EL flüssiger Honig
1 EL Dijon-Senf
1 TL Zitronensaft

MILD

Herzhafte Birnen-Wraps mit Ziegenkäse & Honigsauce

1 Die Zwiebel abziehen, halbieren und in feine Streifen schneiden. Die Birnen waschen, halbieren, das Kerngehäuse entfernen und die Hälften in feine Scheiben schneiden. Die Butter in einer Pfanne erhitzen und die Zwiebelstreifen darin ca. 3 Minuten leicht anbräunen. Die Birnenscheiben dazugeben und 2 Minuten mitbraten. Mit Salz und Pfeffer würzen und warm halten.

2 Die Salatblätter waschen und trocken schütteln.

3 Die Wraps im Ofen oder in einer Pfanne aufwärmen. Die Wraps mit Frischkäse bestreichen. Jeweils 1 Salatblatt, 2 Käsescheiben und Zwiebel-Birnen-Mischung hinzufügen. Honig und Senf mit dem Zitronensaft verrühren und darüberträufeln. Die Wraps fest aufrollen und servieren.

TIPP **Die Wraps sind ein besonderer Hingucker auf einer Party. Für den nächsten Fußballabend die Rollen in Servietten mit Fußballmotiv einschlagen und in Gläser gestellt servieren.**

Für 4 Portionen
Zubereitungszeit: 20 Minuten
Schwierigkeitsgrad: einfach

240 g Kichererbsen, Dose
2 Stängel Petersilie
2 EL flüssiger Honig
Salz, Pfeffer
200 g Rotkohl
1 Salatkopf nach Wahl
50 g getrocknete Tomaten
100 g gegrillte Paprika, Glas
6 EL Naturjoghurt oder vegane Alternative
3 EL Ajvar oder 1 TL Sambal Oelek
4 Tortilla-Wraps

LEICHT SCHARF

Orientalische Gemüse-Wraps mit Joghurtsauce

1 Die Kichererbsen in einem Sieb kalt abbrausen und abtropfen lassen. Die Petersilie waschen, trocken schütteln und klein hacken. Kichererbsen, Honig und Petersilie vermischen und mit Salz und Pfeffer würzen.

2 Rotkohl und Salat waschen, trocken schütteln und in feine Streifen schneiden. Getrocknete Tomaten und gegrillte Paprika in kleine Streifen schneiden.

3 Den Joghurt mit dem Ajvar zu einer Sauce verrühren und in einem kleinen Gefäß aufbewahren.

4 Die Wraps in der Pfanne oder im Backofen aufwärmen. Kichererbsen, Rotkohl, Salat, Tomaten, Paprika und Sauce auf die Wraps verteilen, fest einrollen und servieren.

Für 4 Portionen
Zubereitungszeit: 1 Stunde 15 Minuten
Ruhezeit: 12 Stunden
Schwierigkeitsgrad: mittel
Bild auf S. 8

FÜR DIE FALAFELN:
250 g getrocknete Kichererbsen
1 Zwiebel
2 Knoblauchzehen
2 EL glatte Petersilie
2 EL Koriander
Salz, Pfeffer
1 TL Kreuzkümmelpulver
½ TL Chilipulver
1 EL Zitronensaft
Pflanzenöl zum Frittieren

LEICHT SCHARF

Falafel-Wraps mit Grillgemüse & Hummus

1 Für die Falafeln die Kichererbsen in einem Sieb kalt abbrausen, in eine Schüssel geben und im kalten Wasser ca. 12 Stunden einweichen.

2 Für den Hummus die Kichererbsen aus der Dose mit 2 EL der Flüssigkeit in einen Mixer geben. Den Knoblauch schälen und grob hacken. Die Zitrone heiß abwaschen und etwas von der Schale abreiben, danach den Saft auspressen. Knoblauch, Zitronenabrieb und -saft, Kreuzkümmel, Koriander und Öl zu den Kichererbsen in den Mixer geben. Alles fein pürieren und mit Salz und Pfeffer würzen. Um den Hummus cremiger zu machen, etwas mehr Kichererbsenflüssigkeit aus der Dose hinzufügen. Den Hummus bis zum Servieren im Kühlschrank aufbewahren.

3 Für die Falafeln die eingeweichten Kichererbsen abgießen und abtropfen lassen. Zwiebel und Knoblauchzehen abziehen und grob würfeln. Petersilie und Koriander waschen, trocken schütteln und grob hacken. Die Kichererbsen mit Zwiebel, Knoblauch und Kräutern im Mixer pürieren und alles mit Salz, Pfeffer, Kreuzkümmel, Chilipulver und Zitronensaft würzen. Aus der Masse ca. 4 cm große Taler formen und in heißem Pflanzenöl portionsweise goldbraun ausbacken. Die Falafeln herausnehmen und auf Küchenpapier abtropfen lassen.

4 Für das Gemüse eine Grillpfanne erhitzen und leicht einölen. Auberginen und Zucchini waschen und trocknen. Die Auberginen in Scheiben schneiden. Die Zucchini schräg in Scheiben schneiden, sodass diese

FÜR DEN HUMMUS:
400 g Kichererbsen, Dose
1 Knoblauchzehe
1 Bio-Zitrone
1 TL Kreuzkümmelpulver
1 TL Korianderpulver
125 ml Olivenöl
Salz
Pfeffer

AUSSERDEM:
2 kleine Auberginen
2 Zucchini
150 g Kirschtomaten
4 Bio-Zitronen
1 EL Pflanzenöl
½ Salatkopf nach Wahl
4 Tortilla-Wraps

OPTIONAL ZUM GARNIEREN:
Minze
Koriander

etwas größer sind. Tomaten und Zitronen waschen, trocknen, halbieren und getrennt beiseitestellen. Die Auberginenscheiben in die Pfanne geben und unter Wenden braten, bis diese gar sind. Danach Zucchini und Zitrone in der Pfanne grillen. Die Kirschtomaten entweder in eine Ofenschale geben und auf der Grillfunktion für circa 6–8 Minuten grillen, alternativ können diese jedoch auch in der Pfanne angebraten werden. Das Gemüse abkühlen lassen und mit Salz und Pfeffer würzen.

5 Den Salat waschen und trocken schütteln. Die Wraps in einer beschichteten Pfanne oder im Backofen von beiden Seiten erwärmen. Mit Hummus bestreichen und Gemüse und Falafeln darauf verteilen. Mit gegrillten Zitronen und Kräuterblättchen garnieren und servieren

TIPP **Alternativ ist dieses Rezept auch perfekt für den nächsten Grillabend. Dafür den Grillrost leicht ölen, die Auberginenscheiben auflegen und unter Wenden 4–5 Minuten garen, Zucchini und Zitrone auf den Rost legen und noch weitere 5–6 Minuten mitgrillen. Die Kirschtomaten in eine Grillschale geben und kurz grillen. Die Tortilla-Wraps können auch auf dem Grill erwärmt werden. Die Zutaten in Schälchen servieren, sodass die Wraps nach Wunsch befüllt werden können.**

Für 4 Portionen
Zubereitungszeit: 35 Minuten
Schwierigkeitsgrad: einfach

- 250 g Rotkohl
- 250 g Kürbisfruchtfleisch z. B. Hokkaido
- 150 g Austernpilze
- 2 EL Olivenöl
- 1 EL Agavendicksaft
- 1 EL Zitronensaft
- Salz, Pfeffer
- 2 Handvoll Blattsalat
- 150 g Naturjoghurt oder vegane Alternative
- 4 Tortilla-Wraps

MILD

Herbstliche Kürbis-Wraps mit Rotkraut & Austernpilzen

1 Den Ofen auf 200 °C Ober-/Unterhitze vorheizen. Rotkohl und Kürbis waschen. Die Pilze bei grober Verschmutzung leicht abbürsten. Kohl und Pilze in feine Streifen und den Kürbis in dünne Scheiben schneiden. Zusammen mit Öl, Agavendicksaft, Zitronensaft, Salz und Pfeffer vermengen. Das Gemüse auf einem mit Backpapier belegten Backblech verteilen und für ca. 20 Minuten im Ofen goldbraun rösten.

2 Den Salat abbrausen, trocken schütteln und zerpflücken.

3 Für die Sauce Joghurt, Salz und Pfeffer verrühren und nach Belieben einen Spritzer Zitronensaft zufügen.

4 Die Wraps in der Pfanne oder im Backofen kurz erwärmen. Die Wraps mit Joghurtsauce bestreichen, mit Salat und Ofengemüse füllen, fest einrollen und servieren.

TIPP **Falls sich der Kürbis nicht schneiden lässt, diesen für 10–20 Minuten bei 150 °C im Ofen erwärmen. Der Kürbis lässt sich danach einfacher schneiden und benötigt nicht mehr ganz so viel Zeit im Backofen.**

Für 4 Portionen
Zubereitungszeit: 1 Stunde
Schwierigkeitsgrad: mittel

1 Zwiebel
1 Knoblauchzehe
4 Tomaten
200 g Bohnen, Dose
150 g Mais, Dose
1 EL Pflanzenöl
400 g Hackfleisch
Kreuzkümmelpulver
Salz
Chiliflocken
200 g Kürbisfruchtfleisch z. B. Hokkaido
½ Salatgurke
1 rote Paprika
8 kleine Mais-Taco-Schalen
100 g Cheddar oder Gouda, gerieben

LEICHT SCHARF

Überbackene Kürbis-Tacos mit Hackfleisch

1 Zwiebel und Knoblauch abziehen und beides fein würfeln. Die Tomaten waschen, trocknen und würfeln. Bohnen und Mais in einem Sieb kalt abbrausen und abtropfen lassen. In einer Pfanne das Öl erhitzen und Zwiebel- und Knoblauchwürfel leicht anschwitzen. Das Hackfleisch zugeben und leicht bräunen. Die Tomaten zum Hackfleisch geben. Bohnen und Mais in die Pfanne geben und etwa 20 Minuten köcheln lassen. Mit Kreuzkümmel, Salz und Chiliflocken abschmecken.

2 Den Kürbis würfeln und in Salzwasser ca. 10 Minuten garen. Den gekochten Kürbis abtropfen lassen.

3 Gurke und Paprika waschen, trocknen, entkernen und klein würfeln.

4 Den Ofen auf 200 °C Ober-/Unterhitze vorheizen. Die Tacos mit Chili und Kürbis füllen und in eine Backform stellen. Im Ofen ca. 10 Minuten backen. Mit dem Käse bestreuen und weitere ca. 10 Minuten bräunen lassen. Gurke und Paprika über die Tacos streuen und servieren.

Für 4 Portionen
Zubereitungszeit: 30 Minuten
Schwierigkeitsgrad: einfach

300 g Rindersteaks, 2 Scheiben
Salz, Pfeffer
1 EL Pflanzenöl
1 Avocado
1 Mango
100 g Kirschtomaten
½ Handvoll Rucola
8 kleine Mais-Taco-Schalen
2 EL Limettensaft

MILD

Rindfleisch-Tacos mit Mango & Kirschtomaten

1 Das Fleisch sollte vor dem Braten Raumtemperatur annehmen, daher möglichst das Fleisch 1 Stunde vor der Zubereitung aus dem Kühlschrank nehmen. Den Ofen auf 150 °C Ober-/Unterhitze vorheizen. Die Steaks trocken tupfen und salzen. In einer backofengeeigneten Pfanne im heißen Öl 1–2 Minuten auf jeder Seite scharf anbraten (bei hoher Temperatur). Danach die Pfanne in den Ofen schieben. Je nach Vorliebe 10–20 Minuten im Ofen garen lassen. Die Steaks herausnehmen und etwas ruhen lassen.

2 Die Avocado halbieren, Kern und Schale entfernen und das Fruchtfleisch würfeln. Die Mango schälen, das Fruchtfleisch vom Kern lösen und in kleine Würfel schneiden. Tomaten und Rucola waschen und trocken schütteln. Die Tomaten halbieren.

3 Die Steaks in Scheiben, dann in Stücke schneiden und mit Pfeffer würzen. Das Fleisch mit Avocado- und Mangowürfeln, Tomaten und Rucola in die Taco-Schalen füllen. Mit Limettensaft beträufeln und servieren.

TIPP **Die Steaks können je nach Vorliebe einen unterschiedlichen Gargrad im Ofen erreichen. Am häufigsten wird das Steak medium gegessen. Bei diesem Ergebnis hat das Steak von außen eine kräftige, braune Kruste und von innen ist es rosa. Dafür lassen Sie das Steak ca. 15 Minuten im Backofen. Mögen Sie das Fleisch lieber durch (well done), lassen Sie es noch weitere 5 Minuten im Ofen. Bevorzugen Sie das Steak blutig (medium rare), nehmen Sie das Steak schon nach 10 Minuten aus dem Ofen.**

Für 4 Portionen
Zubereitungszeit: 35 Minuten
Schwierigkeitsgrad: einfach

2 Knoblauchzehen
600 g Rinderhack
4 EL Öl
3 EL Tomatenmark
Salz
1 TL Chiliflocken
½ TL Kreuzkümmel
2 Römersalatherzen
240 g Tomaten
120 g Cheddar oder Gouda
2 Avocados
4 TL Limettensaft
1 Handvoll Koriander
300 g saure Sahne
8–12 kleine Mais-Taco-Schalen

MITTELSCHARF

Hackfleisch-Tacos

1 Den Knoblauch abziehen und hacken. Das Hackfleisch in einer heißen Pfanne mit Öl ca. 5 Minuten anbraten. Knoblauch und Tomatenmark zugeben und mitbraten. Mit Salz, Chiliflocken und Kreuzkümmel würzen.

2 Salat und Tomaten waschen und trocknen. Den Salat in feine Streifen schneiden, die Tomaten würfeln. Den Käse raspeln. Die Avocados halbieren, entkernen und das Fruchtfleisch aus der Schale lösen. Das Fruchtfleisch würfeln und sofort mit dem Limettensaft mischen, sodass die Avocadowürfel frisch bleiben und sich nicht braun verfärben. Den Koriander waschen, trocken schütteln und die Blätter abziehen. Die saure Sahne glatt rühren.

3 Die Tacos mit dem Hackfleisch füllen und mit Salat, Käse, Tomaten- und Avocadowürfeln belegen. Dazu die sauren Sahne servieren.

TIPP **Diese Tacos eignen sich hervorragend für einen gemütlichen Abend mit Freunden. Die Zutaten in Schälchen servieren, sodass jeder die Tacos nach Herzenslust befüllen kann. Für den perfekten mexikanischen Abend servieren Sie die Tacos mit einer kalten Margarita oder einem Aqua Fresca.**

Für 4 Portionen
Zubereitungszeit: 35 Minuten
Schwierigkeitsgrad: einfach

½ TL Koriandersamen
½ TL Kreuzkümmel
Salz
300 g Schweinefilet
2 EL Pflanzenöl
80 g Kirschtomaten
1 rote Chilischote
4 Stängel Koriander
2 Avocados
3 EL Limettensaft
150 g Hüttenkäse
60 g Blattsalat
8 kleine Weizentortillas

OPTIONAL:
Chiliflocken

MITTELSCHARF

Schweinefilet-Tacos mit Salsa und Käsecreme

1 Den Ofen auf 180 °C Ober-/Unterhitze vorheizen.

2 Koriandersamen und Kreuzkümmel im Mörser zerstoßen. Alternativ können die Gewürze auch in Pulverform genutzt werden. Das Salz untermischen. Das Fleisch waschen, trocken tupfen und mit der Würzmischung bestreuen. In einer Pfanne im heißen Öl rundherum braun anbraten. Auf dem Gitter im Ofen (Fettpfanne darunter stellen) ca. 15 Minuten garen.

3 Tomaten, Chili und Koriander waschen und trocknen. Die Tomaten vierteln, die Chili halbieren und Kerne entfernen. Die Chilihälften fein hacken und die Blätter vom Koriander abzupfen. Die Avocados halbieren, Kern und Schale entfernen und das Fruchtfleisch in Stücke schneiden. Avocadostücke, Tomaten, Chili, 2 EL Limettensaft und Koriander vermengen und mit Salz abschmecken.

4 Den Hüttenkäse mit dem übrigen Limettensaft vermengen und mit Salz abschmecken. Den Salat waschen, trocken schütteln und grob zerpflücken.

5 Das Fleisch aus dem Ofen nehmen und kurz ruhen lassen. Dann in Scheiben schneiden. Die Tortillas kurz aufbacken. Mit Salat, Fleisch und Salsa belegen und den Hüttenkäse dazugeben. Je nach Vorliebe mit Chiliflocken den Tacos eine extra scharfe Note verleihen.

Für 4 Portionen
Zubereitungszeit: 1 Stunde 15 Minuten
Schwierigkeitsgrad: mittel

400 g Hähnchenbrustfilet
8 EL Limettensaft
3 EL Olivenöl
2 EL Sojasauce
3 Tomaten
1 rote Chilischote
½ grüne Paprika
½ gelbe Paprika
1 kleine Gurke
1 kleine Zwiebel
2 Knoblauchzehen
Salz, Pfeffer
Kreuzkümmelpulver
Cayennepfeffer
2 Avocados
2 EL Pflanzenöl
8 kleine Maistortillas
Koriander zum Garnieren

MITTELSCHARF

Gegrillte Huhn-Tacos mit Avocado & Salsa

1 Das Hähnchenfleisch waschen, trocken tupfen und quer in Streifen schneiden. Mit 3 EL Limettensaft, Öl und Sojasauce vermischen und ca. 1 Stunde kühl durchziehen lassen.

2 Tomaten, Chilischote, Paprika und Gurke waschen. Die Tomaten würfeln. Chili- und Paprikaschoten halbieren, entkernen und würfeln. Die Gurke waschen und fein würfeln. Die Zwiebel abziehen, dritteln und in feine Streifen schneiden. Das geschnittene Gemüse miteinander vermengen. Den Knoblauch schälen, fein würfeln und dazugeben. Mit Salz, Pfeffer, 2 EL Limettensaft, Kreuzkümmel und Cayennepfeffer abschmecken.

3 Die Avocados halbieren, Kern und Schale entfernen, das Fruchtfleisch in Scheiben schneiden, mit dem restlichen Limettensaft beträufeln. Die Avocadoscheiben getrennt von der Salsa aufbewahren.

4 Eine Grillpfanne leicht ölen und das Hähnchenfleisch darin portionsweise rundherum braten, sodass ein Grillmuster entsteht. Anschließend salzen, pfeffern und warm halten.

5 Die Tortillas in einer Grillpfanne ohne Fett kurz auf beiden Seiten erwärmen. Die Tortillas mit Gemüsesalsa, Fleisch und Avocadoscheiben belegen und mit Koriander bestreut servieren.

Für 4 Portionen
Zubereitungszeit: 25 Minuten
Schwierigkeitsgrad: einfach

250 g Hähnchenbrustfilet
Salz, Pfeffer
2 EL Mehl
1 Ei
80 g Semmelbrösel
Pflanzenöl, zum Frittieren
150 g Blattsalat
60 g Radieschen
1 rote Zwiebel
1 EL Kresse
1 EL Dill, gehackt
1 EL Zitronensaft
150 g Naturjoghurt
8 kleine Vollkorntortillas

LEICHT SCHARF

Chicken-Nugget-Tacos mit Salat

1 Das Hähnchen abbrausen, trocken tupfen und in ca. 1 cm dicke Scheiben schneiden. Mit Salz und Pfeffer würzen, erst im Mehl und dann im verquirlten Ei wenden. Mit den Bröseln panieren. In heißem Öl (ca. 170 °C) ca. 6–8 Minuten goldbraun frittieren. Auf Küchenkrepp abtropfen lassen und in Stücke schneiden.

2 Salat und Radieschen abbrausen und trocknen. Den Salat klein zerpflücken. Die Radieschen in feine Scheiben schneiden. Die Zwiebel abziehen, halbieren und in feine Streifen schneiden. Die Kresse abschneiden. Etwa 1 EL der Kresse mit Dill und Zitronensaft unter den Joghurt rühren. Mit Salz und Pfeffer abschmecken.

3 Die Tortillas in einer Grillpfanne aufbacken und leicht abkühlen lassen. Mit dem Joghurt bestreichen und mit Chicken Nuggets, Salat, Radieschen und Zwiebeln belegen. Bei Bedarf mit Pfeffer würzen.

Für 4 Portionen
Zubereitungszeit: 1 Stunde 15 Minuten
Schwierigkeitsgrad: mittel

500 g Hähnchenoberkeule, mit Knochen und ohne Haut
Salz, Pfeffer
2 EL Pflanzenöl
2 Knoblauchzehen
400 g passierte Tomaten
Kreuzkümmelpulver
2 rote Zwiebeln
100 ml Rotweinessig
1 EL Zucker
1 TL Oregano
1 EL Zitronensaft
4 Stängel Petersilie
150 g Eisbergsalat
8 kleine Maistortillas

MILD

Tinga Tacos mit Huhn

1 Das Hähnchen abbrausen, trocken tupfen und mit Salz und Pfeffer würzen. In einer Pfanne im heißen Öl goldbraun braten. Aus der Pfanne nehmen.

2 Den Knoblauch schälen und fein hacken. Kurz in der Pfanne anschwitzen und die passierten Tomaten zugeben. Mit Salz, Pfeffer und Kreuzkümmel würzen. Das Hähnchen in die Sauce legen, den Deckel auflegen und unter gelegentlichem Rühren ca. 1 Stunde leise köcheln lassen. Nach Bedarf etwas Wasser hinzufügen.

3 Die Zwiebeln abziehen, halbieren und in Streifen schneiden. Essig mit 100 ml Wasser, Zucker, Salz, Oregano und Zitronensaft aufkochen. Die Zwiebeln untermischen und abkühlen lassen.

4 Petersilie und Salat waschen und trocken schütteln. Beides grob hacken und getrennt aufbewahren.

5 Das Hähnchen aus der Sauce nehmen, vom Knochen lösen und mit zwei Gabeln fein zerpflücken. Mit etwas Sauce vermischen. Die Tortillas nach Belieben kurz aufbacken. Mit Salat und Hähnchen belegen. Mit den abgetropften Zwiebeln toppen und mit der Petersilie bestreut servieren.

TIPP **Mit ein paar Limettenschnitzen und etwas Chilisauce verleihen Sie dem Gericht noch eine besondere Note.**

Für 4 Portionen
Zubereitungszeit: 15 Minuten
Schwierigkeitsgrad: einfach

12 Fischstäbchen
2 EL Pflanzenöl
1 Salatherz
3 Möhren
8–12 kleine Mais-Taco-Schalen
80 g Salatcreme
60 g geriebener Parmesan

MILD

Fischstäbchen-Tacos

1 Die Fischstäbchen in einer heißen Pfanne mit etwas Öl nach Packungsanweisung goldbraun braten. Für eine vegetarische Variante können auch Gemüsestäbchen benutzt werden.

2 Salat waschen und trocken schütteln. Danach die Möhren waschen und abtrocknen. Den Salat grob in Streifen schneiden. Die Möhren schälen und mit einer Reibe raspeln.

3 Die Taco-Schalen jeweils mit Salat und Möhren füllen, mit einem Fischstäbchen belegen und mit einem Klecks Salatcreme und etwas Parmesan servieren.

TIPP **Verleihen Sie den Tacos noch eine besondere Note, indem Sie etwas Zitronensaft oder Worcestersauce auf den Fisch geben.**

Für 4 Portionen
Zubereitungszeit: 25 Minuten
Schwierigkeitsgrad: einfach

400 g Rotkohl
1 Apfel
4 EL Limettensaft
1 EL flüssiger Honig- oder Agavendicksaft
Salz
1 Knoblauchzehe
10 g Ingwer
½ Stängel Zitronengras
1 EL Kokosöl
250 g Garnelen
100 ml Kokosmilch
Cayennepfeffer
½ Frühlingszwiebel
8 kleine Weizentortillas

MILD

Garnelen-Tacos mit Apfel & Rotkohl

1 Rotkohl und Apfel waschen und trocknen. Den Kohl in feine Streifen schneiden oder hobeln und den Apfel fein stifteln. Beides in einer Schüssel mit 2 EL Limettensaft, Honig und Salz vermengt ziehen lassen.

2 Knoblauch und Ingwer schälen, das Zitronengras waschen und alles fein hacken. Knoblauch, Ingwer und Zitronengras in einer heißen Pfanne mit etwas Öl kurz anschwitzen. Die Garnelen trocken tupfen und in einer Pfanne goldbraun braten. Die Garnelen mit der Kokosmilch ablöschen und einige Minuten ziehen lassen. Mit Limettensaft, Salz und Cayennepfeffer abschmecken.

3 Die Frühlingszwiebel abbrausen, putzen und in feine Ringe schneiden. Die Tortillas nach Belieben kurz aufbacken. Das Zitronengras entfernen. Salat und Garnelen in die Tacos füllen und mit den Frühlingszwiebeln bestreut servieren.

Für 4 Portionen
Zubereitungszeit: 25 Minuten
Schwierigkeitsgrad: einfach

80 g eingelegte Bambussprossen
1 EL Pflanzenöl
2 EL Sojasauce
1 Avocado
2 Tomaten
1 vorgegarter Maiskolben
3 EL Limettensaft
1 Handvoll Koriander
200 g Rotkohl
1 Frühlingszwiebel
1 rote Chilischote
150 g Naturjoghurt oder vegane Alternative
Salz, Pfeffer
8 kleine Weizentortillas

Gemüse-Tacos mit Joghurtsauce

1 Die Bambussprossen stifteln und in einer Pfanne im heißen Öl goldbraun braten. Mit der Sojasauce ablöschen und von der Hitze nehmen.

2 Die Avocado halbieren, Kern und Schale entfernen und das Fruchtfleisch würfeln. Die Tomaten waschen, vierteln, entkernen und ebenfalls klein schneiden. Die Maiskörner vom Kolben schneiden. Tomaten, Avocado und Mais mit 2 EL Limettensaft locker vermengen.

3 Koriander, Rotkohl und Frühlingszwiebel waschen und trocknen. Die Blätter vom Koriander abzupfen, den Rotkohl in feine Streifen und die Frühlingszwiebeln in feine Ringe schneiden. Die Chilischoten waschen und in Ringe schneiden. Einige Korianderblätter zum Garnieren beiseitelegen, den Rest fein hacken und mit Joghurt und 1 EL Limettensaft verrühren. Den Joghurt mit Salz und Pfeffer abschmecken.

4 Die Tortillas kurz aufbacken. Bambussprossen, Tomaten-Mais-Salsa, Rotkohl und Frühlingszwiebel in die Tacos füllen. Mit dem Joghurt beträufeln und mit Koriander garniert servieren.

Für 4 Portionen
Zubereitungszeit: 50 Minuten
Schwierigkeitsgrad: mittel

400 g mehlig kochende Kartoffeln
2 Knoblauchzehen
4 EL Olivenöl
Salz, Pfeffer
8 kleine Weizentortillas
1 grüne Chilischote
2 Tomaten
100 g Salat
2 Stängel Koriander
1 rote Zwiebel
2 EL Limettensaft
40 g zerbröselter Feta

LEICHT SCHARF

Tacos de Papa mit Kartoffelfüllung

1 Kartoffeln und Knoblauch schälen, den Knoblauch fein hacken und die Kartoffeln würfeln. Zusammen in einem Topf in 1 EL heißem Öl kurz anschwitzen. Mit Salz und Pfeffer würzen, etwas Wasser dazugießen und mit Deckel ca. 15 Minuten dünsten. Offen die Flüssigkeit verdampfen lassen, die Kartoffeln fein zerstampfen, abschmecken und leicht abkühlen lassen.

2 Die Weizentortillas kurz erwärmen, zur Hälfte mit der Kartoffelmasse füllen, rundherum einen schmalen Rand frei lassen und die andere Hälfte darüber klappen. In einer Pfanne im restlichen Öl auf beiden Seiten goldbraun ausbacken.

3 Chilischote, Tomaten, Salat und Koriander waschen. Die Chilischote in Ringe schneiden. Die Tomaten vierteln, entkernen und klein würfeln. Den Salat in Streifen schneiden. Den Koriander klein hacken. Die Zwiebel abziehen und in kleine Würfel schneiden.

4 Auf einer Platte Salat und Tacos anrichten. Tomaten, Zwiebeln, Koriander und Limettensaft vermengen und darüber verteilen. Mit Chili und Käse bestreuen und servieren.

TIPP **Im Original-Rezept wird statt Feta Cotija-Käse verwendet. Cotija ist ein gereifter mexikanischer Kuhmilchkäse und wurde nach der Stadt Cotija in Mexiko benannt. Experimentieren Sie mit den Käsesorten, vielleicht finden Sie eine andere Lieblingssorte.**

Für 4 Portionen
Zubereitungszeit: 45 Minuten
Schwierigkeitsgrad: einfach

2 Süßkartoffeln
2 EL Olivenöl
Salz, Pfeffer
Kreuzkümmel
Paprikapulver
1 Handvoll Rucola
275 g schwarze Bohnen, Dose
8 kleine Weizentortillas
6 EL Joghurt oder vegane Alternative
1 EL Limettensaft
Cayennepfeffer
1 Bio-Limette

MILD

Süßkartoffel-Tacos mit Bohnen & Rucola

1 Den Backofen auf 180 °C Ober-/Unterhitze vorheizen. Die Süßkartoffeln waschen, schälen und in ca. 1,5 cm große Würfel schneiden. Mit Olivenöl, Salz, Pfeffer, Kreuzkümmel und Paprikapulver mischen und auf einem mit Backpapier belegten Backblech verteilen. Im Ofen ca. 25 Minuten backen.

2 Den Rucola waschen und trocken schütteln. Die Bohnen in einem Sieb kalt abbrausen und abtropfen lassen.

3 Tortillas nach Belieben kurz anwärmen. Süßkartoffeln, Rucola und Bohnen auf den Tortillas verteilen.

4 Joghurt mit Limettensaft, Cayennepfeffer und Salz abschmecken und darüber träufeln. Die Limette heiß waschen, vierteln und zum Beträufeln zu den Tacos dazureichen.

TIPP **Diese Tacos eignen sich hervorragend zum Mitnehmen. Die Süßkartoffel am Vorabend vorbereiten und den Joghurt in einem kleinen Döschen getrennt mitnehmen. So wird der Taco nicht durchweicht und schmeckt am nächsten Tag immer noch frisch und knusprig.**

Für 4 Portionen
Zubereitungszeit: 30 Minuten
Schwierigkeitsgrad: einfach

1 rote Zwiebel
2 EL Limettensaft
Salz
2 Maiskolben
2 EL Olivenöl
8 kleine Weizentortillas
1 rote Chilischote
½ Handvoll Koriander

FÜR DIE CREME:
1 Avocado
100 g Feta
2 EL Limettensaft

MILD

Gegrillte Tacos mit Maiskolben & Feta-Avocado-Creme

1 Die Zwiebel abziehen, halbieren und in feine Streifen schneiden. Mit Limettensaft und etwas Salz mischen und ca. 20 Minuten ziehen lassen.

2 Für die Creme die Avocado halbieren, den Kern entfernen und das Fruchtfleisch aus der Schale heben. Avocadofruchtfleisch, Feta und Limettensaft mit einer Gabel oder einem Pürierstab zu einer feinen Creme pürieren. Danach die Creme im Kühlschrank kalt stellen

3 Die Maiskolben mit dem Olivenöl bepinseln und in einer Grillpfanne unter Wenden 7–8 Minuten grillen. Die Körner in Segmenten vom Maiskolben schneiden.

4 Die Tortillas in der Grillpfanne mit einem Muster versehen. Die Chilischote waschen und in Ringe schneiden. Den Koriander waschen und fein hacken. Zum Servieren die Creme auf den Tortillas verstreichen. Mais, Chiliringe und marinierte Zwiebelstreifen darauf verteilen und mit Koriander garniert servieren.

Für 4 Portionen
Zubereitungszeit: 45 Minuten
Schwierigkeitsgrad: einfach

500 g Jackfrucht, in Salzlake oder Wasser, abgetropft
1 rote Zwiebel
2 Knoblauchzehen
2 EL Pflanzenöl
100 g Barbecue-Sauce
100 ml Gemüsebrühe
1 TL geräuchertes Paprikapulver
½ TL Kreuzkümmelpulver
Salz
Cayennepfeffer
2 Gewürzgurken
4 Stängel Koriander
1 rote Chilischote
100 g Mais, Dose
8 kleine Weizentortillas

OPTIONAL:
4 TL Chilisauce

MITTELSCHARF

Jackfruit-Tacos

1 Die Jackfrucht auf einem Küchenpapier verteilen und gut trocken tupfen.

2 Zwiebel und Knoblauch abziehen, die halbe Zwiebel in feine Streifen schneiden und den Knoblauch fein hacken. Zusammen in einem Topf im heißen Öl goldbraun anschwitzen. Jackfrucht, Barbecuesauce und Brühe in den Topf geben und vermischen. Mit Paprikapulver, Kreuzkümmel, Salz und Cayennepfeffer würzen und unter gelegentlichem Rühren ca. 10 Minuten köcheln lassen. Die Jackfrucht anschließend mit zwei Gabeln zerkleinern. Weitere ca. 10 Minuten dicklich einkochen lassen und abschmecken.

3 Die übrige Zwiebel klein würfeln. Die Gurken in Scheiben schneiden. Den Koriander waschen, trocken schütteln, die Blätter abzupfen und grob hacken. Die Chilischoten waschen und in Ringe schneiden. Den Mais in einem Sieb kalt abbrausen und abtropfen lassen.

4 Die Tortillas kurz aufbacken. Jackfrucht, Zwiebelwürfel, Gurke, Chili, Koriander und Mais auf die Tortillas verteilen und servieren. Wer es schärfer mag, gibt noch etwas Chilisauce dazu.

Für 4 Portionen
Zubereitungszeit: 1 Stunde
Schwierigkeitsgrad: mittel

FÜR DEN TEIG:
250 g Mandelmehl
400 ml Milch
3 Eier
1 TL Agavendicksaft
Prise Salz
30 g Butter

FÜR DIE FÜLLUNG:
½ Vanilleschote
400 g Quark
4 EL Schlagsahne
125 g Himbeeren
125 g Brombeeren
125 Heidelbeeren

ZUM GARNIEREN:
6–8 Blätter Zitronenmelisse
Gehackte Mandeln zum Garnieren

Mandel-Wraps mit Quark & Beeren

1 Für den Teig Mehl, Milch, Eier, Agavendicksaft, Salz und 20 g Butter glatt verrühren und etwa 30 Minuten quellen lassen. Die restliche Butter nach und nach in einer beschichteten Pfanne erhitzen und aus dem Teig 4 dünne Wraps backen. Die Wraps sind nicht so fest wie Crêpes, daher erst wenden, wenn sie fast durchgebacken sind. Diese auf Küchenpapier abkühlen lassen.

2 Für die Füllung die ½ Vanilleschote mit den Fingern ausbreiten. Mit einem Löffel vorsichtig das Mark herauskratzen. Das Vanillemark mit Quark und Sahne glatt verrühren. Beeren und Zitronenmelisse waschen und trocken tupfen. Die Blätter der Zitronenmelisse in feine Streifen schneiden.

3 Die Wraps auf Tellern verteilen. Quark und Beeren jeweils auf eine Hälfte geben und die andere Hälfte des Wraps darüberklappen. Mit Zitronenmelisse und gehackten Mandeln bestreuen.

TIPP **Die Zitronenmelisse kann auch durch Minze ersetzt werden.**

Für 4 Portionen
Zubereitungszeit: 20 Minuten
Schwierigkeitsgrad: einfach

350 g Erdbeeren
40 g Sahnequark
40 g griechischer Joghurt, 10% Fett
40 g Frischkäse
2 EL flüssiger Honig
2 EL Ahornsirup
½ TL Vanilleextrakt
1 Msp. Zimtpulver
4 kleine Weizentortillas
12 EL Granola oder Knuspermüsli

Erdbeer-Cheesecake-Wraps mit Granola

1 Die Erdbeeren waschen, trocken tupfen und in dünne Scheiben schneiden. Quark mit Joghurt, Frischkäse, Honig, Ahornsirup, Vanilleextrakt und Zimt glatt rühren.

2 Die Tortillas in einer beschichteten Pfanne ohne Fett erhitzen, herausnehmen und dünn mit der Cheesecakecreme bestreichen. Jeweils ein Viertel der Erdbeeren darauf verteilen und alles mit je 3 EL Granola bestreuen. Die Wraps aufrollen, schräg halbieren und servieren.

TIPP **Das Granola können Sie auch einfach selber machen. Dafür 100 g Haferflocken, 50 g Nüsse, Samen oder Kerne nach Wahl zusammenmischen. Danach 8 ml Öl und 30 ml flüssigen Honig oder Agavendicksaft untermischen. Alles auf einem Backblech verteilen und bei 180 °C Umluft für 15–25 Minuten im Ofen rösten. Zwischendurch wenden und immer wieder nachschauen, da das Granola schnell verbrennen kann. Abkühlen lassen und in einem luftdichten Behälter aufbewahren. Das Granola hält mindestens eine Woche.**

Für 4 Portionen
Zubereitungszeit: 30 Minuten
Schwierigkeitsgrad: einfach

100 g Mehl
175 ml Kokosmilch
1 Ei
1 TL Vanilleextrakt
Prise Salz
4 TL Kokosöl
4 Bananen
100 g Zartbitter-Schokolade
100 g Kokosnuss-fruchtfleisch oder Kokosflocken
50 g geröstete Pistazien

Bananen-Wraps mit Kokos & Schokolade

1 Für die Pfannkuchen Mehl mit Kokosmilch, Ei, Vanille und Salz zu einem glatten Teig verrühren. Etwa 10 Minuten ruhen lassen. Anschließend daraus in einer Pfanne in jeweils 1 TL heißem Kokosöl 4 dünne Pfannkuchen ausbacken.

2 Die Bananen schälen und jede Banane mit einem Pfannkuchen umwickeln. Der Länge nach in 3-4 cm lange Stücke schneiden und auf Tellern verteilen.

3 Die Schokolade in einer Schüssel über einem Wasserbad schmelzen. Anschließend die flüssige Schokolade über die Pfannkuchenstücke träufeln. Das Kokosnussfruchtfleisch klein schneiden, die Pistazien grob hacken, beides über die Bananen-Wraps streuen und servieren.

TIPP **Dieses Gericht ergibt nicht nur ein wunderbares Dessert, sondern schmeckt auch hervorragend zum Frühstück.**

Für 4 Portionen
Zubereitungszeit: 15 Minuten
Schwierigkeitsgrad: einfach

250 g Erdbeeren
2 EL Zucker
1 EL Zitronensaft
1 Stängel Basilikum
200 g Schlagsahne
4 kleine Weizentortillas

Erdbeer-Tacos mit Sahne

1 Die Erdbeeren waschen, trocken tupfen und klein schneiden. Die Beeren mit Zucker und Zitronensaft vermengen.

2 Das Basilikum waschen, trocken schütteln und die Blätter abzupfen. Die Sahne steif schlagen und in einen Spritzbeutel füllen.

3 Die Tortillas mit Sahne und Erdbeeren füllen und mit Basilikum garniert servieren.

TIPP **Ersetzen Sie die Erdbeeren durch Heidelbeeren oder Brombeeren. Natürlich können Sie auch gefrorene Früchte nehmen und diese vorher einkochen. Kirschen aus dem Glas eignen sich auch hervorragend und können sogar in der Winterzeit genossen werden. Experimentieren Sie mit dem Rezept und genießen Sie die leckeren Dessert-Tacos.**

Rezeptverzeichnis A–Z